박시백의 조선왕조실록

9

인종·명종실록

일러두기

2024 어진 에디션은 정사 《조선왕조실록》을 바탕으로 한 이 책의 특징을 드러내고자
어진과 공신화에서 모티브를 얻어 박시백 화백이 새롭게 표지화를 그렸다. (표지화 인물: 문정왕후)

박시벅의
조선왕조실록

The Veritable Records of The Veritable Records of
the Joseon Dynasty   King Injong and Myeongjong

인종·명종실록

Humanist

머리말

　외환위기가 한창이던 때였다. 어쩌다가 사극을 재미있게 보게 되었는데 역사와 관련한 지식이 너무도 부족한 자신을 발견하게 되었다. 그도 그럴 것이 젊은 날에 본 역사서는 근현대사가 대부분이었고, 조선사에 대한 지식이라고는 중·고교 시절에 학교에서 배운 단편적인 것들이 거의 전부였다. 당시 나는 신문사에서 시사만화를 그리고 있었다. 다행히 신문사에는 조그만 도서실이 있었는데, 틈틈이 그곳에서 난생처음 조선사에 대한 여러 책을 접할 수 있었다.

　조선사, 특히 정치사는 흥미진진했다. 거기에는 우리에게 익숙한 수많은 역사적 인물의 신념과 투쟁, 실패와 성공의 이야기가 있었고, 《삼국지》나 《초한지》 등에서 만나는 극적인 드라마와 무릎을 치게 하는 탁월한 처세가 있었다. 만화로 그리면 재미있겠다는 생각이 들었다. 몇 권 더 구해 읽다 보니 한 가지 궁금증이 생겼다. 어디까지가 정사에 기록된 것이고 어느 부분이 야사에 소개된 이야기인지가 모호했다. 이 대목에서 결심이 섰던 것 같다. 조선 정치사를 만화로 그리자, 그것도 철저히 《실록》에 기록된 정사를 바탕으로 그리자.
　곧이어 다니던 신문사를 그만두고 《국역 조선왕조실록 CD-ROM》을 구입했다. 돌이켜보면 참 무모한 결심이었다. 특정한 출판사와 계약한 것도 아니고, 《실록》의 한 쪽도 직접 본 적 없는 상태에서 작업에 전념한다는 미명 아래 회사부터 그만두었으니. 내 구상만 듣고 아무 대책 없는 결정에 동의해준 아내에게도 뭔가가 씌웠던 모양이다. 궁궐을 찾아 사진을 찍고 화보자료를 찾아 헌책방을 기웃거렸다. 1권에 해당하는 부분을 공부한 뒤 콘티를 짜기 시작했다. 동네를 산책하면서도 머릿속에서는 항상 그 시대의 인물들이 이야기를 주고받고 다투곤 했다. 어쩌다 어떤 인물의 행동이 새롭게 이해되기라도 하면 뛸 듯이 기뻤다.

마침내 펜션을 입히면서 수십 장이 쌓인 뒤 처음부터 읽어보면 이게 아닌데 싶어 폐기하기를 서너 번, 그러다 보니 어느새 1년이 후딱 지나가버렸다. 아무런 결과물도 없이 1년이 흘렀다고 생각하니 슬슬 걱정이 차오르기 시작했다. 이러다간 안 되겠다 싶어 100여 장의 견본을 만들어 무작정 출판사를 찾아가기로 했다. 그렇게 견본을 만든 후 몇 군데에서의 퇴짜는 각오하고 출판사를 찾아가려던 차에 동료 시사만화가의 소개로 휴머니스트를 만나게 되었고, 덕분에 다른 출판사들을 찾아가지는 않아도 되었다.

이 만화를 그리며 염두에 둔 나름의' 원칙이 있다면 이랬다.
첫째, 정치사를 위주로 하면서 주요 사건과 해당 사건에 관련된 핵심 인물들의 생각과 처신을 중심으로 그린다.
둘째, 《실록》의 기록을 바탕으로 하면서 학계의 최근 연구 성과를 적극 고려하고 필자 스스로도 적극적으로 해석에 개입한다.
셋째, 성인 독자들을 주된 대상으로 삼되, 청소년들과 역사에 관심이 남다른 어린이들이 보아도 무방하게 그린다.

흔쾌히 출판을 결정해준 휴머니스트 김학원 대표와 책이 나오는 데 애써준 휴머니스트 식구들에게 감사드린다. 그리고 언제나 곁에서 응원해주고 적절히 비판해주는 아내와 사랑하는 두 딸! 고맙다.

2003년 6월

2024. 6

세계기록유산은 모두의 것이며,
모두를 위해 온전히 보존되고 보호되어야 하며,
문화적 관습과 실용성을 충분히 인식하여
모든 사람이 장애 없이 영구적으로 접근할 수 있어야 합니다.

The world's documentary heritage belongs to all,
should be fully preserved and protected for all and,
with due recognition of cultural mores and practicalities,
should be permanently accessible to all without hindrance.

―〈유네스코 '세계의 기억' 프로그램의 목표〉 중에서

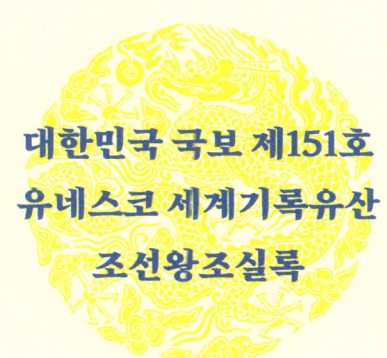

대한민국 국보 제151호
유네스코 세계기록유산
조선왕조실록

진실성과 신빙성을 갖추고
25대 군주, 472년간의 역사를 6,400만 자에 담은
세계에서 가장 장구하고 방대한 세계기록유산.
세계인이 기억해야 할 위대한 유산
《조선왕조실록》의 세계로 초대합니다.

차례

머리말 4
등장인물 소개 10

제1장 기대를 뒤로하고

외로운 동궁 14
대윤과 소윤 20
착한 임금 인종 26
너무 짧은 재위 34

제2장 을사사화

수렴 뒤에서 44
사화의 시작 53
대윤의 몰락 64
승리자들 75

제3장 문정왕후의 시대

양재역 벽서 사건 88
청홍도가 된 충청도 97
정치인 문정왕후 102
불교의 부흥 108
막후 실력자 116
권력 무상 123

제4장 명종의 길은?

조심스러운 명종　130
이량의 득세와 몰락　135
윤원형과 정난정　144
마지막 2년　151
뜻밖의 후계자　159

제5장 시대의 표상들

백성으로 살기　168
임꺽정　175
을묘왜변　183
퇴계 이황과 남명 조식　193

작가 후기　206
《인종·명종실록》연표　208
조선과 세계　211
The Veritable Records of the Joseon Dynasty　212
Summary: The Veritable Records of King Injong and Myeongjong　213
세계기록유산,《조선왕조실록》　214
도움을 받은 책들　215

등장인물 소개

인종
조선 제12대 임금. 총명하고 인자한 자질로 기대를 모았으나 요절하고 만다.

성렬대비(문정왕후)
중종의 세 번째 부인. 명종의 친모로 명종이 즉위하며 수렴청정을 한다.

유관
윤임의 일파로 몰려 소윤에게 죽임을 당한다.

윤임
대윤의 영수로 소윤과의 권력투쟁에서 패하고 죽음을 맞는다.

정언각
'양재역 벽서 사건'을 몰고온다. 독침이라는 별명을 얻었다.

이언적
을사사화의 최소화를 도모하다 유배된다. 사림의 맥을 잇는 대학자이기도 하다.

윤원로
소윤의 핵심으로 대윤과의 투쟁에 앞장섰으나 동생 윤원형의 모략으로 사사된다.

이기
소윤과 결탁해 을사사화를 일으킨 장본인.

명종

조선 제13대 임금으로 인종의 이복동생이다. 오랫동안 재위하긴 했지만 자기 색깔을 내보지 못하고 죽는다.

임꺽정

황해도와 경기 북부를 주 무대로 활동한 대도(大盜). 팍팍한 시대가 낳은 인물이다.

윤원형과 정난정

소윤의 영수로 막강한 권력을 가진 윤원형과 그와 찰떡궁합인 정난정. 문정왕후의 죽음과 흩께 몰락한다.

이황과 조식

시대를 대표하는 대학자들. 그러나 둘은 학문적 경향도, 성격도, 세상에 대한 태도도 많이 달랐다.

이량

명종이 윤원형을 견제하기 위해 힘을 몰아주었으나 자기 권력 강화에만 힘쓰다 축출된다.

서림

변절자.

보우

문정왕후와 함께 불교중흥에 힘썼으나 문정왕후가 죽자 유배된 뒤 참수된다.

창경궁 명정전
창경궁의 정전으로 성종 15년에 건립했다. 인종은 여기서 즉위하고 처마 밑에서 신하들의 하례를 받았다.
지금의 건물은 임진왜란 때 불에 타버린 것을 광해군 8년에 다시 지은 것이다.

제1장

기대를
뒤로하고

외로운 동궁

이에 위기감을 느낀 김안로,

아예 중전을 폐위시켜버리리라 작심했으나

실패하여 사약을 마셔야 했다.

문정왕후의 힘은 더욱 강해졌고, 이에 비례하여 야심 또한 커졌다.

반면 세자의 입지는 다시 불안해졌다.

대윤과 소윤

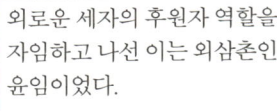

외로운 세자의 후원자 역할을 자임하고 나선 이는 외삼촌인 윤임이었다.

무장 출신으로 학식도 정치감각도 그리 뛰어나지 못했다는 평을 받는다.

김안로가 제거된 후 중종은 더욱 문정왕후 쪽으로 기울었다.

경원대군을 예뻐했으며

윤원형을 중용했다.

이런 분위기를 타고 윤원형은 적극적으로 세력을 형성해갔다.

임금의 총애를 얻기 위한 경쟁에서 현저히 밀리는 윤임.

괜찮아. 대신 내 쪽엔 명분이 있으니까.

장성한 세자를 흔들어선 안 된다는 데는 누구나 동의하던 상황이다.

암! 있을 수도 없고 있어서도 안 되는 일이지.

더구나 우리 세자 저하께선 얼마나 훌륭한 소양을 갖추신 분이냐고?

이런 공감대에 힘입어 윤임도 세력을 만들어나갔다.

하여 중종 말기 조정에는 세자의 외숙과 대군의 외숙이 각기 세력을 형성해 대립하게 된다.

양측의 대립이 위험한 사태를 몰고 올 수 있다고 본 대사간 구수담이 경연석상에서 조심스럽게 이 문제를 꺼냈다.
(중종 38년 2월)

세간에선 윤임을 대윤이라 부르고 윤원형을 소윤이라 칭한다는데

*부호(扶護): 돕고 보호함.

* 유언(流言): 떠도는 말.

착한 임금 인종

마침내 온 조정의 기대를 한 몸에 받아온 세자가 왕위에 올랐으니 조선의 제12대 임금 인종이다.

천세! 천세!

인종은 천성이 어질고 유학의 가르침에 충실한 사람.

세자 시절에 동궁에 있는 옥대와 수정단주를 잃어버린 일이 있었다.

전하께 아뢰어 의심 나는 이를 국문하셔야 하옵니다.

아니다.

그랬다간 괜한 사람들이 다치게 될 것이야. 이런 보물들은 사람들 사이를 돌아다니다 결국 가야 할 데로 돌아갈 것이니 다시 보게 될지 어찌 알겠느냐?

후에 과연 몇 사람의 손을 거쳐

새 임금 인종의 좌우에는 명망 있는 대신들이 포진했고, 사림의 맥을 잇는 신진들이 언관의 중심 세력을 형성했다.

신하들, 특히 신진들은 중종기의 혼란을 바로잡고 새 정치를 구현할 때가 왔다고 보았다.

그러기 위해 우선 필요한 것은,

역사 바로 세우기!

때문에 졸곡이 끝나자마자 그들이 들고 나온 핵심 안건은 조광조의 신원이었다.

조광조의 바름엔 연원이 있사옵니다.

정몽주, 길재, 김숙자, 김종직을 거친 이학이 김굉필, 조광조에게로 이어져 온 것이옵니다.

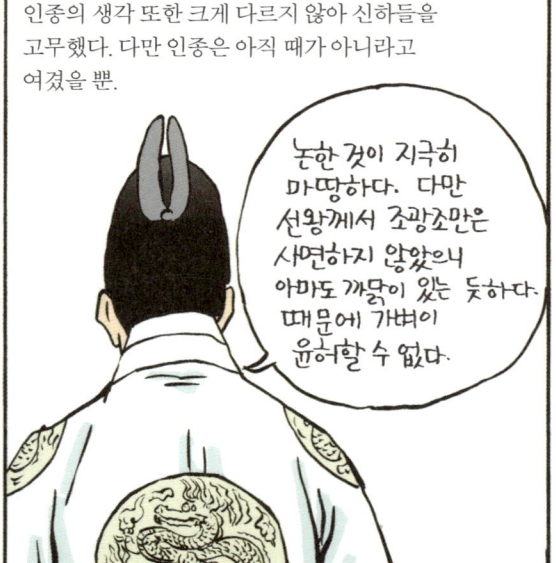

인종의 생각 또한 크게 다르지 않아 신하들을 고무했다. 다만 인종은 아직 때가 아니라고 여겼을 뿐.

논한 것이 지극히 마땅하다. 다만 선왕께서 조광조만은 사면하지 않았으니 아마도 까닭이 있는 듯하다. 때문에 가벼이 윤허할 수 없다.

*빈전(殯殿): 발인 때까지 왕이나 왕비의 관을 모시던 전각.

빈전 설치는 대신들과 의논해 정전에 정하는 것이 관례인데, 문정왕후의 등등한 기세에 대신들은 아무 소리도 못했다.

소렴 때는 빈전 제조와 승지, 정승 들이 참관하는 법인데 거부되었고,

왜냐고? 너무 비좁아서!

심지어 경원대군의 창진을 이유로 삭망전을 정지하기까지 했다.

이런 말도 안 되는 일이...

이래도 가만 있으면 대간이 아니다.

대군이 궐 내에 있더라도 곡에는 정지할 수 없는 법인데 하물며 다른 곳으로 피해갔음에도 제사를 폐하고 곡을 그치게 하는 것이 말이 되옵니까?

빈전을 내전 깊숙이 두어 신하들이 슬픔을 펼 수 없고 일을 보는 자는 환관과 부녀자들뿐이니 지극히 한심하옵니다.

이는 재상들이 입을 닫고 일을 그르친 때문이니 추고하소서!

＊소렴(小殮): 죽은 다음 날, 시신에게 수의를 갈아입히고 이불로 쌈.
＊삭망전(朔望奠): 상중인 집에서 매달 초하룻날과 보름날 아침에 지내는 제사.

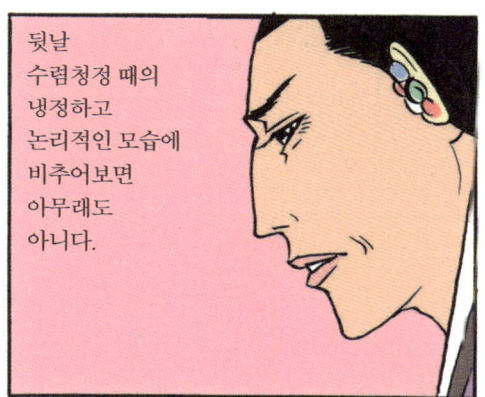

너무 짧은 재위

인종 재위 때 신하들이 가장 역점을 둔 일은 '임금에게 제대로 된 밥 먹이기'였다.

며칠 밤을 뜬눈으로 지새며 부왕을 간호했던 인종.

중종이 죽자 유교식 예법에 따라 식음을 전폐하고 슬퍼했다.

그런데 중종 사후 두어 달이 지나도록 여전히 미음만 들며 식사를 하려 하지 않아서

공개석상에서 왕의 모습을 본 신하들은 경악했다.

*곡림(哭臨): 제사 때 임금이 몸소 곡하는 예를 행함.

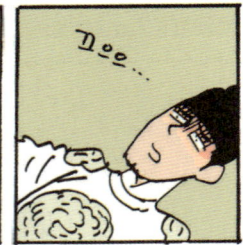

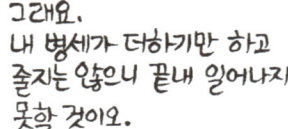

옥산서원
이언적을 기리기 위해 세운 서원이다. 이언적은 소윤과 대윤의 마지막 쟁투였던 을사사화의 여파로 강계에 유배되어 그곳에서 생을 마감했다. 서원은 이언적이 죽고 20년이 지난 선조 6년에 건립되고 이듬해 사액서원이 되었다. 경주시 안강읍 소재.

제2장

을사사화

수렴 뒤에서

＊훙어(薨御): 임금의 죽음.

이런 행동을 통해 대왕대비는
이미지 개선을 이루었을 뿐만 아니라

중종의 세 번째 계비로 국모의 자리에 올랐던 여인 성렬대비.

아들을 못 낳아 마음을 졸였던 시간들,

경빈 박씨의 축출, 뒤늦은 출산과 대윤과의 대립, 인종의 즉위와 죽음.

옛일들이 주마등처럼 지나갔으리라. 그리고 드디어 자신의 아들을 임금의 자리에 앉힌 것이다.

한없는 성취감에 고무된 대왕대비는 문안 온 대신들에게 승자의 여유와 아량을 담아 향후 국정 운영의 방향을 언급했다.

*탕척(蕩滌): 더러운 것을 깨끗이 씻음.

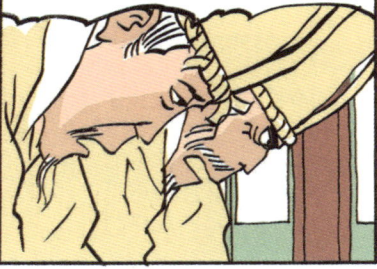

윤원로는 자신의 유배지를 해남으로 정했다.

* 논집(論執): 자신의 주장을 펼치며 끝까지 우김.
* 자원부처(自願付處): 죄를 지은 벼슬아치가 원하는 곳에서 귀양살이를 하도록 하는 형벌.

사화의 시작

* 형적(形迹): 어떤 것의 생김새나 자취.

제2장 을사사화

제2장 을사사화

헌납 백인걸이 절차상의 문제를 재삼 강력히 비판했다.

제2장 을사사화

하여 권벌은 문제의 구절들을 대폭 수정한 상소를 올렸는데

이에 대한 대비의 답변을 보면 논리적으로 한 수 위라는 인상을 준다.

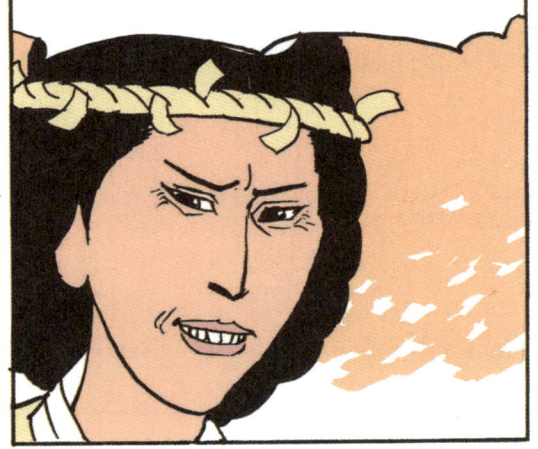

대신을 유배하는 일은 나라의 큰일이온데 죄를 잡한 근거가 불분명하여 하늘이 경고를 보내는 게 아닌가 하옵니다.

윤임이야 죄를 받아도 애석함이 없겠으나 왕대비(인종 비)께서 이 일로 상심하여 병이라도 나면 어찌 선왕의 허물이 되지 않겠사옵니까?

유관은 병든 몸을 이끌고 나라를 위해 힘써 일해왔나이다. 늙고 병들고 이미 최고의 지위에 이르기까지 하였는데 어찌 다른 생각을 가졌겠나이까?

경이 재변의 원인을 죄를 잘못 줘서 발생한 것이라 하니 지극히 놀랍다. 재앙이 나타난 것은 이미 오래되었으니 나는 간인들 때문이 아닌가 한다.

경은 또 선왕의 지친을 죄주는 것을 그르다고 했는데 세종대왕 때에도 소헌왕후의 아비가 큰 죄를 받았으니 중대한 일이 있다면 어찌 지친이라 하여 죄를 면해주겠는가?

조정에서 이렇게 하므로 나랏일이 더욱 그릇되고 있다. 지극히 한심하도다.

그러나 논리가 아무리 그럴싸해도 윤임과 결탁한 낌새가 있다는 이유만으로 두 대신을 유배한 데 대해 신료 대부분은 여전히 납득하지 못했다.

대윤의 몰락

"국사가 이 지경이니 살아날 길이 없다. 다른 이를 왕으로 세워 양쪽이 모두 공평하게 되면 좋겠지만 판서들 중에 뜻을 같이할 사람이 없으니 곤란하다. 그러니 내가 지시한 일을 시험해보라." 대강 이런 내용이었소.

윤임과 인종의 비 인성왕후 사이에 수차례 서간이 오간 건 사실이었으나

대비가 소개한 서간은 윤원형 측의 작품이라는 게 당시의 대체적인 추정이었다.

슬쩍

종묘사직은 중하고 대신은 경한 것이니, 진실로 종사에 관계되는 일이라면 어느 겨를에 대신을 보호하겠소? 한데 종사는 돌보지 않고 대신만 구제하려 드니 까닭을 모르겠어요.

이것으로 대신들의 반대는 싹 정리되었다.

오히려 행여 불똥이 튈세라 자기 변호에 급급한 형국이 전개되었다.

저는 그런 소린 말도 안 된다고 분명히 말했걸랑요.

저는 옛날부터 윤임과는 사이가...

열혈 상소를 올렸던 권벌도 몸을 낮춰야 했다.

정순붕의 소를 보니 신이 상황을 모르고 그릇된 말을 하였나이다. 실로 죽을 죄를 지었사옵니다.

* 재궁(梓宮): 왕이나 왕대비, 왕자, 왕세자 등의 사신을 넣는 관.

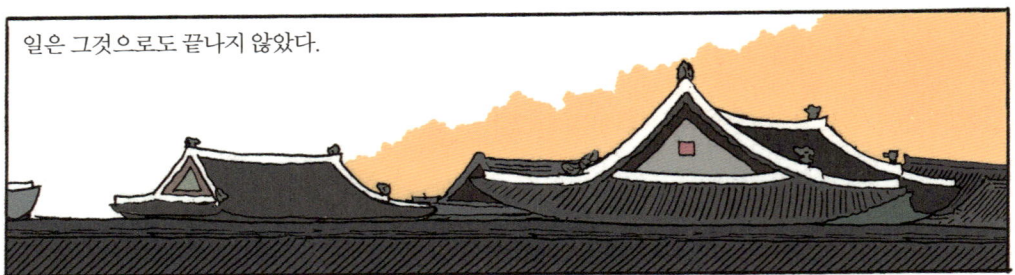

고문에 의한 거짓 진술이든 사실이든 간에 사건은 이제 구체성을 띠기 시작했다.

이에 이덕응은 곁에서 보고 들은 것 플러스 알파를 자세히 진술하기 시작했다.

관련된 다른 이들의 진술까지 종합해보면 최소한 윤임은 대군(명종)이 아닌 대안을 모색했다는 것,

계림군이나 봉성군을 후보로 거론한 것,

대군의 안질을 중요한 결격사유로 퍼뜨리려 했던 것 등은 대체로 사실인 듯하다.

다른 이들의 진술에 따라 이덕응은 능지처사되고

이유, 윤임, 유관, 유인숙의 아들 들은 교형에 처해졌으며,

체포되어 조사를 받은 뒤
윤임이 신에게 대군이 두 눈에 다 안질이 생기면 정사를 볼 수 없을 것이라며 저와 봉성군 중에서 보위를 이어야 한다고 했습니다.

윤임 등의 뒤를 따랐다.
(능지→효수)
그렇게 을사년의 사화는 일단락이 되었다.

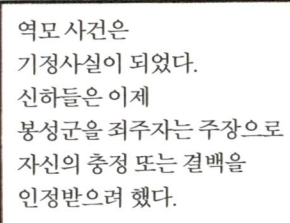
역모 사건은 기정사실이 되었다. 신하들은 이제 봉성군을 죄주자는 주장으로 자신의 충정 또는 결백을 인정받으려 했다.

간신들의 입에 오르내린 봉성군을 그냥 둘순 없사옵니다.
죄주셔야 하옵니다!

처음에는 보호할 뜻을 분명히 했던 대왕대비.
봉성군은 어려서 아무것도 모르오.

그러나 신하들의 요청이 계속되자 1년 뒤에는 유배를 명하고
죄주셔야 하옵니다.
할 수 없구나. 유배하라.

다시 1년 뒤 '양재역 벽서 사건'이 불거지자 결국 죽음을 명하고 만다.
자진케 하라!

승리자들

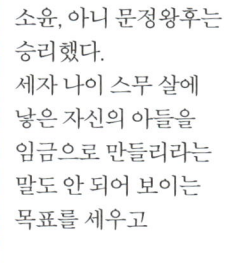

소윤, 아니 문정왕후는 승리했다.
세자 나이 스무 살에 낳은 자신의 아들을 임금으로 만들리라는 말도 안 되어 보이는 목표를 세우고

끝내 성취했을 뿐 아니라 10년의 정적이었던 대윤 세력을 일망타진해버렸다.

天下無敵

그녀는 이 과정의 총 지휘자요 전략가였으며,

때로는 선봉에 선 장수였다.

그런 만큼 권력은 오로지 그녀 한 사람의 것이 되었다고 해도 지나치지 않으리라.

저희는요?

경들의 공이야 내 어찌 잊겠소? 크게 한몫씩 떼어주지

헤~~

제2장 을사사화 75

앞서 성종 시절에 수렴청정을 담당했던 자성대비(정희왕후)는 막후에서 조용히 역할을 했지만,

성렬대비(문정왕후)는 전면에 나섰다.
조회는 물론 경연장에까지 나아가 직접 현안들을 챙겼다.

사실상의 여왕이지

소윤의 중추를 형성했던 윤원형과 이기, 임백령, 정순붕, 최보한 등은 공신에 책봉되어 막대한 토지와 부상을 받았을 뿐 아니라

제거된 윤임 등의 빈자리를 메우며 권력의 실세로 급부상했다.

완전 싹쓸이 인사군

이기 좌의정, 정순붕 우의정!

우찬성엔 최보한.

대사헌에 윤원형이라.

정승급 대사헌이지.

그러나 그들에게 차려진 미래는 그다지 달콤하지만은 않았으니······.

윤원로를 탄핵하는 일이었다.

윤임이 복주되었지만 아직도 민심은 의심을 거두지 않고 오히려 대비마마께옵서 인종 대왕을 폐하려 했다는 소문이 돌고 있나이다.

이는 윤임으로 비롯된 것일 뿐 아니라 실상은 윤원로에 기인하는 것이기도 하옵니다.

윤춘년이 아뢴 윤원로의 죄상을 발언 위주로 정리해보면 대략 아래와 같다.

나는 한명회, 내 쪽에 붙지 않는 자들은 나중에 다 죽일 테다.

주상(인종)은 우매해. 빨리 죽어야 할 텐데…

내가 하는 말은 죄다 대비전의 뜻이야. 알간?

내가 공신에 끼지 못한 건 말이 안 돼. 을사년의 죄인들은 등용되어야 하고 공신들이 거꾸로 죄를 받아야 할 거야.
(이런 옳은 말도!!)

그뿐이 아니옵니다. 사실 윤임 등의 역모도 윤원로의 보복에 대한 두려움에서 꾀한 일이었사옵니다.
인종 대왕의 환후가 위중할 땐 병세의 길흉을 점쳤으며

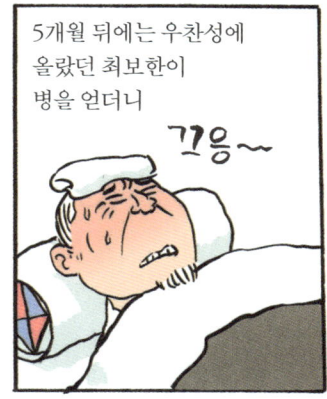

허자는 소윤 핵심 중에서는 온건파.

윤원형의 심복인 진복창의 빠른 승진이 부당하다고 비판했다가

윤원형과 이기의 미움을 받아 한직으로 밀려났다.
"난 핵심이 아니었나 봐."

상소 한 장으로 을사사화를 사화답게 이끈 정순붕은

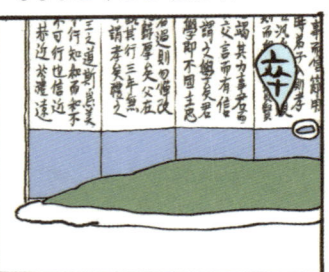
우의정에까지 이르렀지만, 역시 오래가지 못하고 명종 3년에 눈을 감았다.

주역 중의 주역 이기.

영의정까지 이른 그의 세도는 윤원형에 필적할 정도였다.
"이게 무슨 줄이오?"
"이기 대감 댁으로 가는 선물 줄이오."

젊어서부터 그는 문무의 재주가 모두 빼어나다는 평을 얻었지만, 그는 늘 이렇게 푸념했다.
"내 무예는 누구보다도 뛰어나지만 형님 때문에 이름을 날리지 못했고"

*모리(謀利): 옳지 못한 수단과 방법으로 자신의 이익을 꾀함.

태릉
서울시 노원구 공릉동에 위치한 문정왕후의 능이다. 애초 문정왕후는 중종의 능을 천장하여
자신이 죽고 난 뒤 같이 묻히려 했으나, 지대가 낮아 장마철에 물이 차는 관계로 소원을 이루지 못하고
부득이 이곳에 따로 묻혀야 했다.

제3장

문정왕후의 시대

양재역 벽서 사건

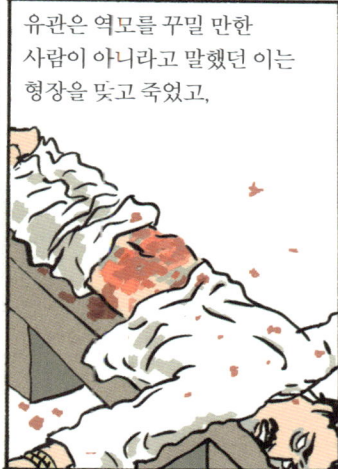

대자보의 내용인즉,

여주(女主)가 위에서 정권을 잡고 있고 간신 이기 등이 아래에서 권세를 농간하고 있으니 나라가 장차 망할 것을 서서 기다리게 되었구나! 어찌 한심하지 않은가?!!

이런 유형의 익명서는 뿌리를 캐려면 밑도 끝도 없는 법이어서 문제 삼지 않고 태워버리는 게 상례였거늘

정언각은 이를 고이 떼어 갖다바쳤고,

권력 핵심들은 이를 문제 삼았다.

그런데 그 '문제 삼는' 방식이 특이했다.

의심나는 자들을 잡아다 국문하라.

연산군조차도 이렇게 사건화했는데,

지금 이 벽서를 보고 드리는 말씀이 아니고 의논한 지가 오래되었사옵니다. 당초 역적의 무리에게 죄를 줄 때 가벼운 쪽으로 하여 법대로 하지 않았사옵니다. 그래서 시론이 이와 같사옵니다. (이런 벽서가 나붙는 것이옵니다.)

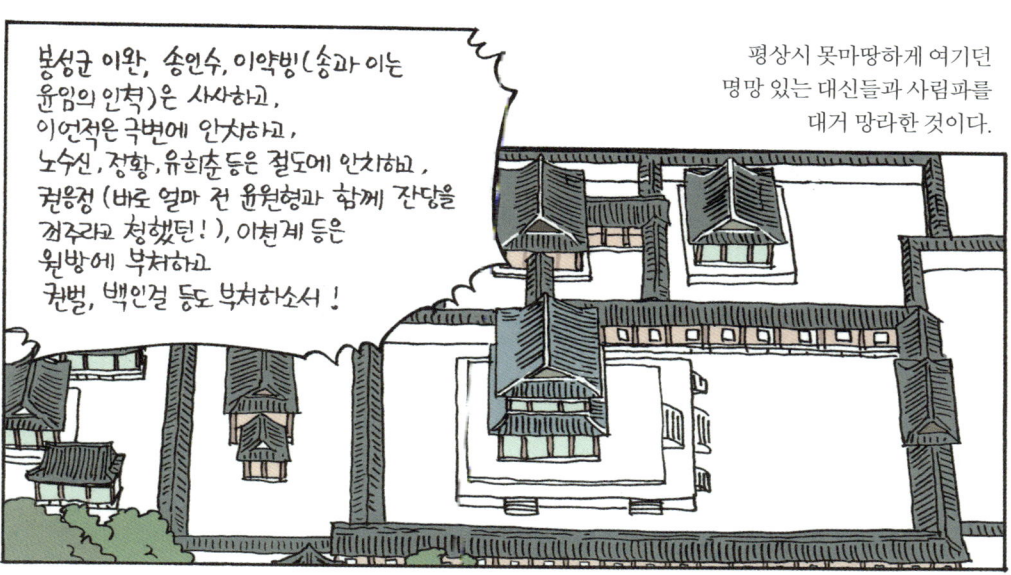

산속에 집을 한 채 지어 학문에만 열중했다.

그의 호는 회재(晦齋).
주희를 따르리라는 의미를 담고 있다.
(주희의 호는 '회암晦庵')

그러나 그는 뒷날의 학자들과는 달리 주희의 저술에 교조적으로 매달리지 않았다.

주자께서 교시하시기를…

그가 지은 《대학장구보유》는 주희의 《대학장구》를 보완하기 위해 쓴 것으로, 서술체계를 달리하고 있다고 한다.
주자께서도 내 책을 보신다면 동의할걸.
저 자신감!!

김안로 사후에 복귀하여 홍문관 교리를 시작으로 빠르게 승진해 이조 판서까지 이르렀는데,
그럴 만한 인물이지.

정작 그는 노모의 봉양을 이유로 벼슬을 사양해 물러나기를 여러 번 했다.

인종이 즉위한 뒤 찬성에 제수되었다. 그의 나이 50대 중반, 동료 대신들은 모두 60~70대였다.
파릇하구나.

그가 유배된 곳은 북변 강계.

그곳에서도 학문을 향한 그의 열정은 식을 줄 몰랐다.

그의 학문적 입장은 이선기후설(理先氣後說)로 요약되는 주리론(主理論)인데,

이황에게 계승되어 발전한다.

강계에서 그는 또한 '진수팔규(進修八規)'를 지었다. 임금이 나라를 다스리는 데 지켜야 할 여덟 가지 항목을 자세히 설명한 글이다.

1. 도리를 밝히는 일 ……
1. 하늘의 덕을 본받는 일 ……
1. 총명의 범위를 넓히는 일 ……
1. 천심에 순응하는 일 ……
1. 근본을 세우는 일 ……
1. 전대의 성인을 본받는 일 ……
1. 어진 정치를 베푸는 일 …
1. 중화(中和)를 극진히 하는 일 …

이 글은 그가 죽고 13년이 흐른 명종 21년, 그의 서자인 이전인이 올림으로써 세상에 알려졌다.

아들 이전인에 얽힌 이야기도 재미있다.

일찍이 이언적은 한 기녀를 사랑했는데,

제3장 문정왕후의 시대 95

청홍도가 된 충청도

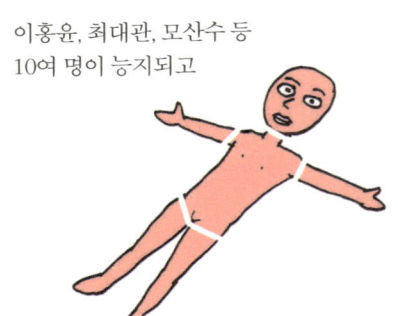

그러나 거창한 규모의 역모 사건이었음에도 추관들이 공신에 책봉되는 등의 후속 조처가 뒤따르지 않는 사건이었다.

사실 처음에 조사 책임자인 이기는 난언율로 처리하려 했는데, 정언각의 한마디로 사건이 커져버렸다.

정언각은 양재역 벽서 사건의 바로 그 사내.

이 두 사건으로 인해 '독침', '염라국의 사자' 라는 별명을 얻었다.

몇 해 뒤 그가 낙마하여 말에 밟혀 죽자 사람들은 이렇게 말했다.

＊난언(亂言): 증거도 없으면서 사회를 혼란시키는 갈.

정치인 문정왕후

과감한 결단력과 추진력까지 갖추었다.

그녀는 또한 성종의 모후인 인수대비만큼이나 사서, 경전을 두루 읽은 유교 인텔리.

상대 논리의 허점을 빠르게 포착하고

배운 바를 제때 인용할 수 있는 능력을 두루 갖춘 빼어난 논쟁가.

때문에 당대의 석학인 대신들과 마주하고도 논리적으로 밀리지 않았다.

물론 세자를 제거하고서라도 자신이 낳은 아들을 보위에 앉히려는 생각 자체가 도리에 어긋난다 하겠다.

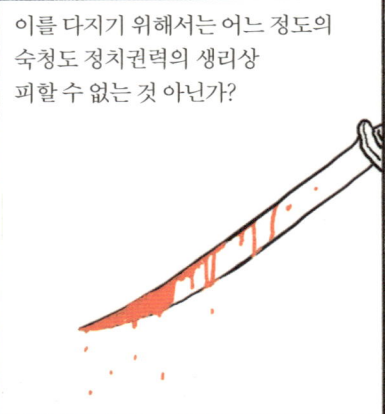

그렇다 해도 그녀에 대한 사관들의 평가는 너무 박하다.

사관들은 심지어 조선 사회 자체의 모순에 의한 나라와 백성의 피폐함까지 모두 그녀의 탓으로 돌리고 있다.

한마디로 그녀는 당대 유학자들의 '공공의 적'이었던 것. 왜 그랬을까? 을사사화 등 사림의 화가 한 원인이었음은 말할 것도 없겠고,

어질고 사림을 사랑했던 인종을 배척한 데 대한 분노도 작용했으리라.

그녀가 여자라는 사실도 중요한 원인.

가장 결정적인 원인은 모든 유학자를 분노케 한 그녀의 정책, 즉 '불교 되살리기'가 아니었나 싶다.

제3장 문정왕후의 시대 107

불교의 부흥

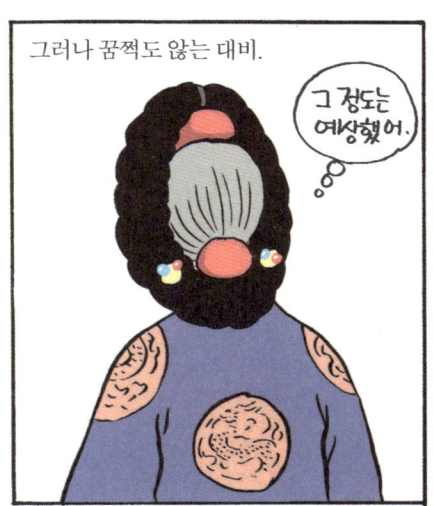

막후 실력자

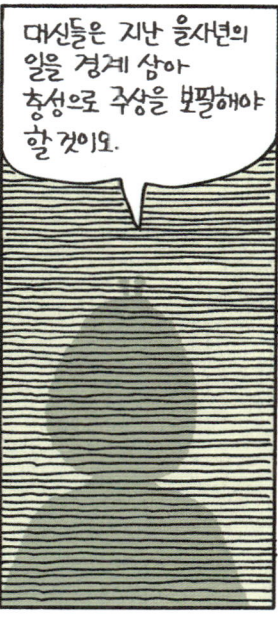

물러났어도 물론 그녀는 여전히 막강했다.

윤원형의 권세 또한 변함없이 강성했고,

내수사의 종들도 어깨 펴고 다녔다.

그녀는 중종의 능을 옮기도록 요구했다.

장경왕후와 나란히 묻힌 꼴은 더는 못 보겠어. 옮긴 다음 내가 그 곁에 묻혀야지.

그러나 중종이 새로 묻힌 곳은 장마 때면 물에 잠기곤 하여 나중에 문정왕후는 멀리 떨어진 태릉에 묻히게 된다.

죽은 뒤는 뜻대로 안 굴러가죠?

정실 부인만 셋씩이나 두었지만, 죽어서는 누구와도 가까이할 수 없게 된 중종이었다.

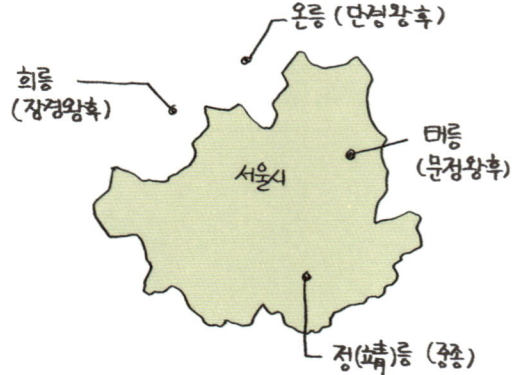
온릉 (단경왕후)
희릉 (장경왕후)
태릉 (문정왕후)
서울시
정(靖)릉 (중종)

그 외에 그녀가 실제 정책 결정 과정에 개입해 의견을 펼치거나 하는 모습은 《실록》에 별반 비치지 않는다.

그렇다고 해도 명종으로서는 그녀의 뜻과 어긋나는 정치를 할 수는 없었다.

내수사나 불교와 관련된 문제가 생기면 왕은 언제나 그쪽 편을 들었다.

모후에 대한 효성 때문에 그랬는지, 조정에 가득한 윤원형 세력에 대한 두려움 때문에 그랬는지는 알 수 없지만,

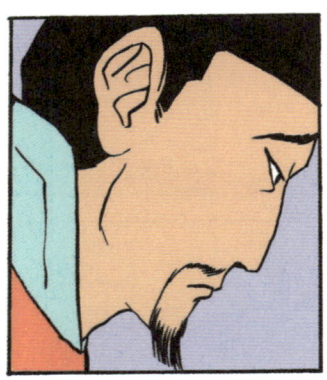

어쨌든 친정을 시작했음에도 명종만의 색깔은 오래도록 드러나지 않았다.

대비가 눈을 감을 때까지.

권력 무상

4월 6일, 대비는 대신들에게 언문으로 유교를 내렸다.

- … 주상께선 원기가 충실치 못해 오래도록 소선을 드실 수 없으니 모든 상례는 모름지기 주상의 옥체를 보양하는 것을 최우선으로 삼으시오.
- 내가 평일 부리던 각사의 사람은 고례에 의해 신역을 면제해주고 자기 한 몸에 한해 양식을 지급토록 하오.
- 석가의 도는 비록 이단이기는 하나 조종조 이래 있어왔고 양종도 나라의 승도들을 통령하기 위해 설립한 것이오. 조정에서는 모름지기 내 뜻을 체득하여 옛날 그대로 보존토록 함이 좋겠소. 주상께서 비록 이단을 금지, 억제하더라도 조정은 모름지기 내 뜻을 따르오.

ㆍㆍㆍㆍㆍ

그러고는 그날 창덕궁 소덕당에서 눈을 감았다. 향년 65세.

건국 이래 최강의 권력을 가졌던 여인,
죽고 나서 가장 욕을 많이 먹은 여인,
문정왕후.

그녀는 유교에서 무엇보다도 자신이 세워놓은 불교 정책이 계속되기를 바랐다. 그런데 그녀는 진정 자신의 유교가 받아들여질 것으로 믿었을까?

- 별로 믿지 않았던 것 같은데. 이 구절 좀 보오.
- 주상께서 비록 이단을 금지, 억제하더라도 조정은 모름지기 내 뜻을 따르오?
- 주상께서 이단을 받들려고 해도 유지가 쉽지 않을 걸.

＊유교(遺敎): 임금이나 어버이가 죽을 때 남기는 말. ≒ 유명(遺命)

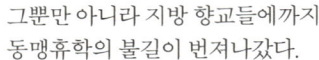

봉은사
서울시 강남구 삼성동에 위치한 절로, 신라 때 창건되었다. 원래 이름은 견성사였으나 연산군 4년에 정현왕후가 중창하여 봉은사로 개명했다. 문정왕후가 보우를 봉은사 주지로 삼으면서 승과가 열리는 등 불교 중흥의 본산 역할을 수행했다.

제4장

명종의
길은?

조심스러운 명종

대군 시절인 열 살 무렵부터 명종의 주변에는 건장한 보디가드들이 함께했다.

한밤중에 잠자리가 바뀐 적도 많았다.

어렸지만 이미 알았으리라.

이 모든 것이 이복형인 세자와 자신을 둘러싸고 벌어지는

생사를 건 싸움의 일환이라는 걸.

휴— 그냥 맘씨 좋은 형님,

아니, 세자 저하랑 사이 좋게 지낼 수는 없는 거야?
……

말 한마디, 행동거지 하나도 조심해야 했다.

감정 표현을 절제하는 것은 어느덧 습관이 되었다.

열두 살에 대위에 올랐지만,

강력한 어머니의 수렴청정으로

여전히 조심하고 절제해야 했다.

실제 모후가 정사에 함께한 날에는 입을 닫은 채 한마디도 하지 않을 때가 대부분이었다.

그렇게 8년을 보내고 어머니의 결단에 따라 친정을 하게 되었다.

그래도 명종의 태도는 달라지지 않았다.

모후 때문만이 아니다.

그 때문에 힘있는 대신에게 줄을 대고 충성하는 것이 우선이다.

술자리가 열린다. 이렇게 진행되는 정치를

깊은 궁궐에 고립된 왕으로서는 알 도리가 없다.

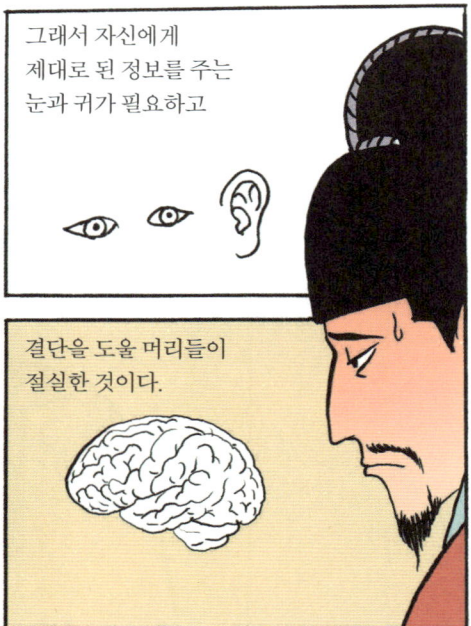

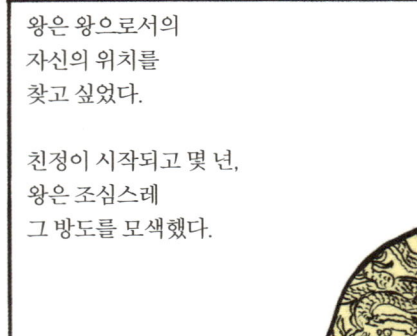

이량의 득세와 몰락

여기서 잠깐, 왕의 의도적인 이량 키우기와 이로 인한 윤원형 세력의 약화 과정에

대비전에서는 그다지 강력하게 제동을 걸지는 않았다는 사실. 이야말로 명종이 나름의 자율성을 누렸고, 대비 또한 정치 개입을 자제했음을 보여주는 방증이라 하겠다.

어쨌든 대세는 이미 이량이라는 게 중론이었다.

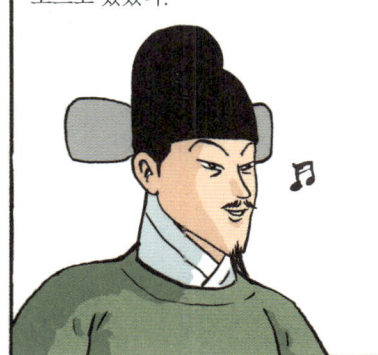
그런데 이량은 아직도 왕이 자신에게 원하는 것이 무엇인지를 모르고 있었다.

왕의 바람은 이것이었는데

이량은 자기 세력 불리기에만 급급했다.

제4장 명종의 길은? 139

그러나 아비와는 다른 유형의 인물. 열심히 이량의 집에 드나들어 신임을 얻고 있었다.

심강과는 인척관계.
"의겸이가 찾아왔다고?"

"여차여차 해서…"
"으음…"

"내가 이량 대감을… 왜 하필이면 내게 이런 역할이…"

"아니지. 전하의 뜻이라면 이건 기회!"

기대항은 홍문관원들과 함께 차자를 지어 올렸다.

"… 이조 판서 이량은 갑자기 6경에 올랐으니 성은에 감격하여 보답할 것을 도모하기에 겨를이 없어야 할 터인데 오로지 권력을 장악하는 데에만 힘써 사악한 자들을 당으로 삼고 반대자들을 병들게 하는 등 나라를 병들게 하는 온갖 짓을 다했습니다. ……"

"그런데도 전하의 고굉인 대신들도 말을 못하고 전하의 이목인 대간들도 규탄하지 못하니 사람들은 이량이 있는 줄만 알지 전하께서 계신 줄을 모르는 지경이옵니다."

이에 왕은 자신이 짠 각본의 마지막 자기 역할을 연기한다.
"이 차자를 보니,"

＊고굉(股肱): 임금이 가장 믿고 중요하게 여기는 신하. 늑고굉지신

윤백원은 윤원로의 아들로, 윤원형에게 분개하여 일부러 이량 측에 붙었다 한다.

이량이 쫓겨났는데도 윤원형의 권세는 전처럼 회복되지 못했다.

그만큼 왕권이 강화된 것이다. 그리고 얼마 안 있어 대비가 눈을 감았다.

윤원형과 정난정

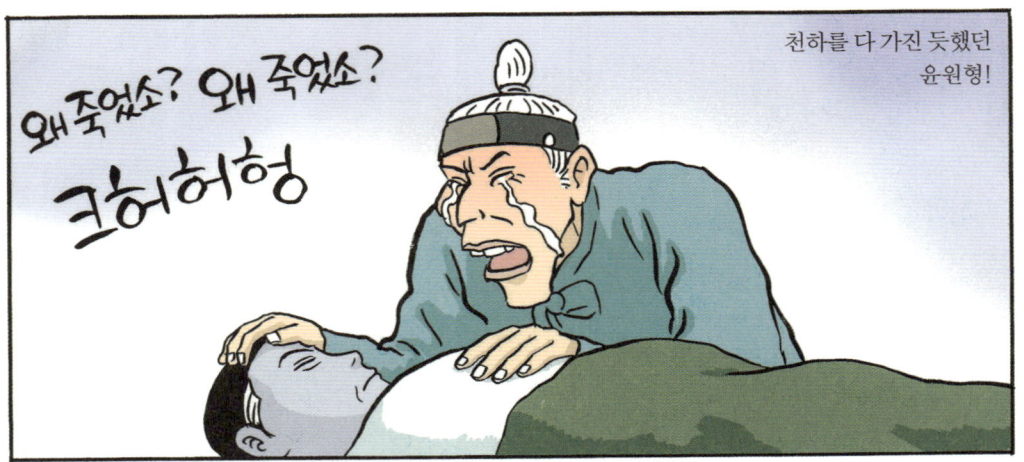

마지막 2년

거듭되는 사화로 많은 유자가 책을 덮었지만,

적지 않은 이들은 벼슬을 등지고 학문에 몰두하며

제자들을 키웠다.
"다 모였으면 수업 시작할까?"

대표적인 이들이 조식, 성수침, 김인후, 이항 등이다.

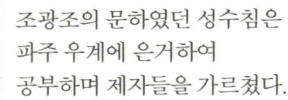

조광조의 문하였던 성수침은 파주 우계에 은거하여 공부하며 제자들을 가르쳤다.

조식과 벗했는데, 명종 10년에 조식이 올린 상소(뒤에 자세히)를 보고는 이렇게 평했다 한다.
"에이~ 이 친구하곤. 가시가 많은 걸 보니 아직 공부가 완숙지 못한 모양이야."

성혼이 그의 아들이자 제자이다.

이항은 젊을 때에는 무예에 힘쓰다가

뒤늦게 성리학 연구에 뛰어든 인물.

전라도 태인에서 공부하고 제자들을 키웠다.

하서 김인후는 어려서부터 신동으로 명성이 자자했다.

급제한 뒤 세자 보덕에 제수되어 인종을 가르쳤다.

중종 말년에는 조광조의 신원을 청하는 등 강직한 면모를 드러냈던 그는

을사사화를 겪은 뒤 고향 장성으로 내려간다.

그 또한 학문에 열중하며 제자들을 가르쳤다.

그렇게
봇물 터지듯
그 많은 사화에도
쓰러지지 않고
더 강력해진
세력으로
역사의 정면에
등장한 것이다.

물론 명종도 성리학을 공부해온 사람. 신하들의 주장에 특별히 반대할 이유도 없었으리라.

그러나 그 자신이 도학군주를 지향했고, 사림과 가까웠던 인종과는

좀 달랐던 게 사실이다.

이량을 발탁하거나 심의겸을 총애한 데서 보이듯, 명망 있는 선비보다는 믿을 만한 인척을 중시했다.

명종 말기 조정의 신진들은 온통 이황의 팬이었다.

이황을 부르소서.

이황을 크게 쓰셔야 하옵니다.

벼슬을 내리면 곧바로 사직서를 올리는 이황.

신하들의 요청을 뿌리치지도 못했지만,

알았다. 이황을 ··· 에 제수하라.

조식 등 은거 지식인을 직접 불러 정사를 묻기도 했다.

정말 달라지셨네.

그러게 말씀이야. 인종대왕을 보는 것 같아.

이런 변신이 그의 진정에 따른 것인지, 사림이 득세한 현실 앞에서 눈치 보기를 한 것인지를 판단하기는 어렵다.

왜냐하면 그가 보위에 있었던 시간이 성렬대비 사후 2년밖에 안 되었기 때문이다.

뜻밖의 후계자

명종은 인순왕후와의 사이에 아들 하나를 두었을 뿐, 후궁에게서도 아들을 얻지 못했다.

세자에 책봉되고 혼례까지 치른 하나뿐인 그 아들, 순회세자는

열세 살의 나이로 죽고 만다.

감정을 철저히 다스리며 살아온 명종도

이때만은 견딜 수 없었던 모양이다.

순회세자가 죽으면서 후사는 아버지 중종의 손자들 중에서 택해야 하는 상황이 되었다.

```
중종
├ 단경왕후 … 소생 없음
├ 장경왕후 … 인종 … 후사 없음.
└ 문정왕후 … 명종 … 순회세자 죽음
│
├ 경빈 박씨 … 복성군 사사됨
├ 희빈 홍씨 … 2남
│           └ 을사사화와 관련하여
│             사저로 쫓겨남
└ 창빈 안씨 … 2남 (영양군, 덕흥군)
```

자연히 후보는 창빈 안씨의 손자들로 압축되었고, 왕과 왕비는 그 가운데서도 덕흥군의 아들들을 주목했다.

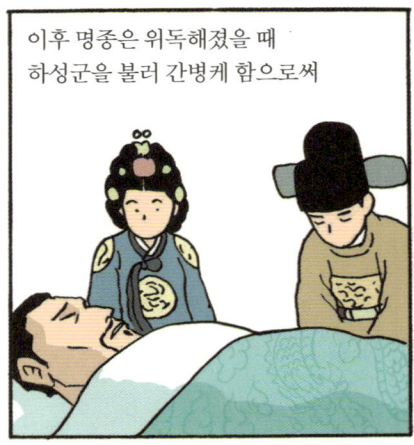

도산서원
퇴계 이황이 도산서당을 짓고 유생을 가르치던 곳에 후학들이 선조 7년 사당과 동·서재를 지어 서원을 건립했다.
이듬해 편액을 하사받은 후 영남 사림의 중추 역할을 담당했다. 경북 안동시 도산면 소재.

제5장

시대의
표상들

백성으로 살기

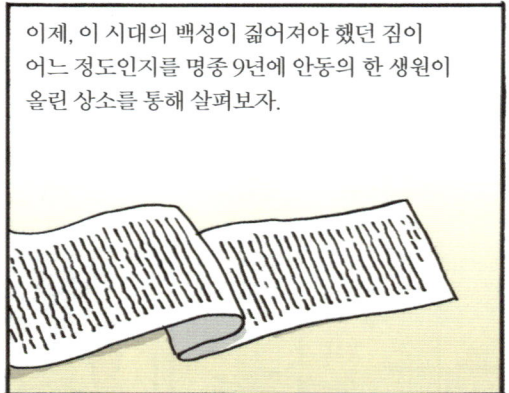

백성을
구제하기 위해
설치된 의창의
운영도
엉망이었다.

군역도 백성에게
엄청난 고통을
안겨주었다.

그렇게 백성은 나라에 바칠 조세와 공물, 군역의 의무에다

임꺽정

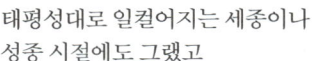

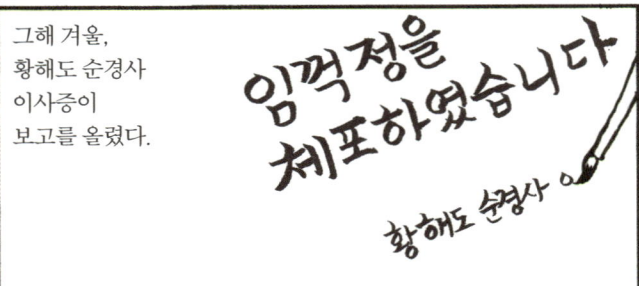

서림은 서리 출신으로 임꺽정의 참모 노릇을 하다가

제5장 시대의 표상들 179

나라에 반역한 대적 임꺽정이 이제 잡혀 내 마음이 기쁘다. 공을 세운 이들을 포상하라.

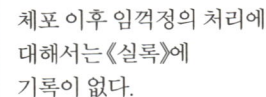
체포 이후 임꺽정의 처리에 대해서는 《실록》에 기록이 없다.

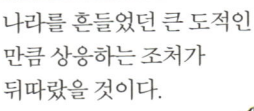
나라를 흔들었던 큰 도적인 만큼 상응하는 조처가 뒤따랐을 것이다.

그렇게 3년 이상 세상을 떠들썩하게 했던 임꺽정 세력은 흩어졌다.

숱한 전설만 남긴 채.

가난한 사람들은 도와주었대.

호랑이도 맨손으로 때려잡고.

왜 임꺽정은 도적이 되었는가? 당시 사관의 논평을 보면 사태를 정확히 읽고 있다.

그렇지만 세상은 그 후로도 달라지지 않았다.

도적이 성행하는 것은 수령의 가렴주구 탓이며, 수령의 가렴주구는 재상이 청렴하지 못한 데 원인이 있다. 지금의 재상들은 탐오가 풍습을 이루어 끝이 없기 때문에 수령은 백성의 고혈을 짜내어 권세가를 섬기느라 못하는 일이 없다.
그런데도 백성은 하소연할 곳이 없으니 도적이 되지 않고는 살아갈 길이 없는 형편이다. 그러므로 너도나도 스스로 죽음의 구덩이에 몸을 던져 요행과 겁탈을 일삼으니 이 어찌 백성의 본성이랴?
진실로 조정이 청명하여 재물만을 탐하지 말고 어진 이를 수령으로 가려 뽑는다면 칼을 든 도적들이 송아지를 사서 고향 땅으로 돌아갈 것이다.
그렇게 하지 않고 군사를 거느려 추적하여 붙잡으려고만 한다면 붙잡는 대로 또 뒤따라 일어나 장차엔 다 붙잡지 못할 것이다.

을묘왜변

탐욕에 눈먼 중앙의 대신들,

그들에게 바칠 뇌물을 모으기 위해 군졸들을 쥐어짜기에 바쁜 장수들,

뺏기고 뺏겨 기력이 다한 군졸들.

그런 군대가 나라의 방어를 맡고 있었다.

이 시대의 조선 군대가 얼마나 허약한지를 속속들이 보여준 사건이 을묘왜변이다.

명종 10년 5월, 왜선 70여 척(대략 7,000명 전후)이 전라도 해안으로 들어왔다.

성 아래 민가들을 불태우고

달량성을 포위했다.

장흥 부사 한온이 구원하러 갔다가 전사하고

해남 현감 변협, 우수사 김빈, 진도 군수 최인 등이 구원하러 갔다가 패배했다.

초반에 달량성은 돌과 화살로 맞서 적에게 꽤 타격을 주었는데

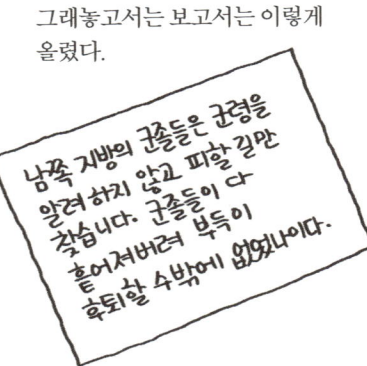

전세를 반전시킨 이는 전라 감사의 요청으로 영암성에 들어온 전주 부윤 이윤경이다.(그는 도순찰사 이준경의 친형이다.)

군기를 엄정히 바로잡고 방어 태세를 갖추도록 하여 군사들과 백성에게 믿음을 주었다.

마침내 왜적이 성을 포위해왔다.

조선군은 완강히 방어하다가

갑자기 최정예 군사 10여 기를 내보내 역공을 폈다.

대열이 무너진 적들. 그만큼 그들도 사실 준비된 군대가 아니었던 것.

이어 뒤따라온 조선군은 우왕좌왕하는 적들을 추격해 향교 안에서 100여 명이 넘는 적들의 목을 베었다.

이때라도 인근의 장수들이 제때에 협공을 폈더라면 도망치던 적들은 궤멸을 면치 못했을 것이다.

자기 병사들에게는 그렇게 사납던 장수들.

그러나 외적 앞에서는 겁쟁이일 뿐이었고,

그 덕에 왜적들은 대오를 수습해 돌아갈 수 있었다.

퇴계 이황과 남명 조식

왕은 끝없이 임명장을 내렸고,

그때마다 이황은 사직서를 올렸다.

이황을 따르는 신진들은 이렇게 투덜거렸지만,

더 성의 있게 불러 서야 오실 텐데…

올라와서 남들처럼 벼슬살이를 했더라면 역사 속에 퇴계 이황의 자취는 미미하게 남았으리라.

연산군 7년(1501) 예안현에서 8남매의 막내로 태어난 그는

응애

생후 7개월에 아비를 잃고 홀어머니 밑에서 자랐다.

어려서부터 영민했고 공부를 좋아했다.

평생 공부만 하며 살 수 있으면 좋겠다.

제5장 시대의 표상들

먼저 외직을 자청해 단양 군수, 풍기 군수를 역임했다.

풍기 군수 시절에는 주세붕이 세운 백운동서원을 보고

책과 편액을 내려줄 것을 청하는 상소를 올렸다.

이에 조정은 논의를 거쳐 소수서원이라는 편액과 함께 서적을 내렸다.

이리하여 소수서원(백운동서원)은 최초의 사액 서원이 되었고, 이를 계기로 서원 건립 운동이 붐을 일으키게 됩니다.

이황은 풍기 군수도 1년 만에 사직하고 고향인 퇴계(원래 이름은 토계였으나 퇴계로 바꾸고 자신의 호로 삼았다.)로 들어갔다.

자, 이제부터 공부다, 공부!

이에 명종은 거듭해서 그를 불렀지만, 그때마다 사직했고

이황은 공조 판서를…

황공하오나 신의 몸이 안좋아서…

설령 직책에 임하더라도 잠시 머물고는 이내 내려갔다.

소신은 이만 물러가겠사옵니다.

그러다《성리대전》을 보고 나서는

성리학을 집중적으로 파고들었다.

아버지가 죽으면서 낙향한 그는 서른에 처가가 있는 김해로 옮겨 공부를 계속했다.

과거에 뜻이 없었지만, 그 또한 어머니의 소망에 따라 과거를 준비했다.

그러나 향시만 급제하고 문과에는 급제하지 못한 채 어머니를 설득해 과거 공부를 포기한다.

이후 더욱 학문에 매진하자 그의 명성은 날로 높아져 제자가 되기를 청하는 이들이 찾아들었고,

세간에는 어느덧 이런 말이 떠돌았다.

조식은 유학자로서는 특이하게도 늘 칼을 지니고 다녔는데

그 칼에는 이런 글귀가 새겨져 있었다

內明者敬 外斷者義
안으로 밝히는 것은 경이요 밖으로 결단케 하는 것은 의이다.

경과 의는 평생의 좌우명이자 철학의 핵심이기도 했다.

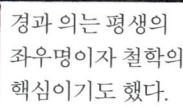

조식의 기질을 보여주는 시 한 수.

浴川 / 욕천

全身四十年前累
千斛淸淵洗盡休
塵土倘能生五內
直今刳腹付歸流

온 몸에 쌓인 사십 년의 찌꺼기를
천 섬의 맑은 물로 다 씻어 없애리라.
그래도 티끌이 오장에 생긴다면
곧바로 배를 갈라 흐르는 물에 보내리라.

조식은 명종 10년에 단성 현감에 제수되었는데, 이때 사직하며 올린 상소가 유명하다.

…… 전하의 국사는 이미 잘못되고 나라의 근본이 망하여 천의(天意)도 인심도 벌써 떠났습니다.
비유하자면 백 년 된 큰 나무에 벌레가 속을 다 갉아먹어 진액이 모두 말라버렸는데 회오리바람과 사나운 비가 언제 닥칠지 모르는 것 같은 상황입니다. ……

소관들은 아래에서 시시덕거리며 주색이나 즐기고 대관들은 위에서 어물거리며 재물만 불립니다.
백성의 고통은 아랑곳하지 않은 채 내신들은 후원하는 세력을 심어 용을 못에 끌어들이듯 하고 외신들은 백성의 재산을 긁어들여 이리가 들판에서 날뛰듯 하면서도 가죽이 다 해지면 털도 붙어 있을 데가 없음을 모릅니다.

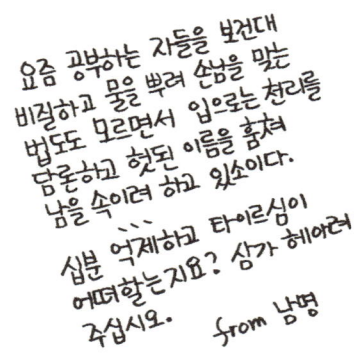

당대의 대학자들답게
둘은 끝까지 서로에 대해
나름의 예를 지키며
표나게 대립하지 않았지만

뒷날 제자들은
상대의 스승을 비판하며
격렬히 대립하게 된다.

주자학을 한 단계
끌어올린 것으로 평가받는
퇴계 철학은 이후
조선 철학의 방향을
결정지었을 뿐 아니라

일본 주자학의 발전에도
큰 영향을 끼쳤다.

유성룡, 김성일, 조목, 기대승, 우성전, 송언신 등
그의 제자들은 퇴계학파를 형성하여
나중에 동인-남인의 중추를 이루게 된다.

남명학파를 형성한 조식의 제자들로는 정인홍, 김우옹, 곽재우, 최영경 등이 있다.

실천을 중시하는 조식의 가르침을 이어받은 그들은 임진왜란 때 의병장으로 적극 활약했다.

동인-북인의 중추를 이룬 그들은 광해군과 함께 집권에 성공했으나

인조반정으로 광해군이 실각하면서 괴멸되다시피 했다.

게다가 조식도 이렇다 할 이론적 저술을 남겨놓지 않아서 남명학파는 역사 속에서 자취를 감추고 말았다.

작가 후기

"그 뒤에 불사를 숭봉함이 한도가 없어서 내외의 창고가 남김없이 다 고갈되고, 뇌물을 공공연히 주고받고, 백성의 전지를 마구 빼앗으며, 내수사의 노비가 각지에서 방자히 굴고, 주인을 배반한 노비들이 못에 고기가 모이듯 숲에 짐승이 우글거리듯 절에 모여들었다. 그의 아우 윤원형과 중외에서 권력을 전천하매 20년 사이에 조정의 정사가 탁란하고 염치가 땅을 쓸어낸 듯 없어지며 생민이 곤궁하고 국맥이 끊어졌으니, 종사가 망하지 않은 것이 다행일 뿐이다. …… 그렇다면 윤비는 사직의 죄인이라고 할 만하다. 《서경(書經)》의 〈목서(牧誓)〉에 '암탉이 새벽에 우는 것은 집안의 다함이다.' 하였으니, 윤씨(尹氏)를 이르는 말이라 하겠다."

문정왕후에 대한 사관의 논평 가운데 한 대목이다. 실제 이 시대의 상황은 종사가 망하지 않은 것이 다행이라고 할 정도로 무너지고 있었다. 그녀가 죽고 새로운 시대가 열렸다. 조광조 이후 이상 정치를 꿈꾸며 현실 정치에 도전하다가 여러 차례의 사화를 겪어야 했던 사림이 역사의 주역으로 등장한 것이다. 그리고 어찌 되었던가?

여전히 생민은 곤궁했고, 끊어진 국맥도 이어지지 않았다. 집권 사림은 이상을 펴보기도 전에 분열하여 대립했고, 사화보다 더 큰 당쟁의 화를 만들어냈다. 뒤이어 임진왜란이 찾아왔고, 사림은 속수무책이었다. 종사가 망하지 않은 게 다행인 듯한 사태를 문정왕후 한 개인의 책임으로 몰아서는 곤란한 이유이다.

　　　이황과 조식은 그들이 거둔 학문적 성과만큼이나 다른 기질과 라이벌 의식, 그리고 그들의 사후에 일어난 제자들 사이의 정쟁 등 많은 이야깃거리를 남겼다. 여기에 더하여 그 둘이 보여준 새로운 전형성도 관심이 가는 부분이다. 어지러운 세상을 살아가는 데 우리는 몇 가지 전형을 알고 있다. 현실 정치에 뛰어들어 입신을 꿈꾸는 출세주의자, 세상을 조금이나마 바꾸기 위해 현실 정치에 합류하는 개혁가, 세상을 근본적으로 바꾸기 위해 바깥에서 뒤집기를 도모하는 혁명가, 세상과 담을 쌓고 숨어 지내는 은둔가…….

　　　이황과 조식은 이런 유형에서 갈이 벗어난 인물들이다. 이황은 현실 정치에 발을 들여놓으면서도 현실 정치에 눈감고 은둔을 꿈꾸었으며, 은둔하면서도 의리를 기본으로 한 학문적 성과를 내놓아 현실 정치에서 척신과 대립하는 사람에게 이론적 밑받침이 되었다.

　　　조식은 현실 정치를 경멸해 재야에 머물면서도 은둔자에 머물지 않고 늘 현실 정치에 촉수를 열어놓은 채 가차없는 비판을 가했다. 혁명가는 아니었으되 스스로에 대한 엄격함이나 실천 중시의 사고는 가히 혁명적이라 할 만했다.

《인종·명종실록》 연표

1544 인종 즉위년
11.15 문정왕후가 문정전에 빈전을 설치하라 명하다.
11.16 빈전이 좁아 소렴 때 신하들이 들어갈 수 없다고 아뢰자 문정왕후가 들어오지 말라고 이르다.
11.20 창경궁에서 즉위하여 명정전 처마 밑에서 신하들의 하례를 받다.
12.14 경원대군의 창질을 이유로 문정왕후가 삭망전을 멈추라고 명하다.

1545 인종 1년
1. 7 중종을 묘호로 정하다.
1.13 홍언필을 영의정에, 윤인경을 좌의정에, 이기를 우의정에 제수하다.
1.19 대간의 반대로 이기를 체직하고 유관을 우의정에 제수하다.
윤 1. 3 대간이 진찰을 청하다.
윤 1. 9 의원이 왕의 맥이 미약하고 낯빛이 수척하다고 진찰 결과를 말하다.
2.28 윤원형을 공조 참판에 제수하다.
3.19 윤임을 형조 판서에 제수하다.
4. 7 조광조를 복직시키는 일은 쉽게 고칠 수 없다고 명하다.
4.27 눈이 붓고 여윔이 극에 이르다.
5.18 이언적을 좌찬성에 제수하다.
6.25 왕의 건강이 악화되다.
6.26 성렬대비(문정왕후)가 의혜공주의 집에 머물며 왕을 문병하겠다고 이르다.
6.27 윤임이 왕의 병시중을 들며 왕대비의 거동을 반대하다.
왕이 백포, 백립을 갖추고 대신들을 면대하다.
6.29 왕대비가 또다시 의혜공주의 집으로 이어하겠다고 고집하다.
조광조 등의 사면을 명하다.
혼절했다가 깨고는 경원대군에게 전위하다.
7. 1 청연루 아래 소침에서 훙하다.

1545 명종 즉위년
7. 6 근정문에서 즉위하다.
7. 7 왕대비가 대신들을 면대하고 인심 안정을 당부하다.
대신들이 조정의 뜻이라며 윤원로의 축출을 요청하다.
7. 9 윤원로를 해남으로 자원부처하다.
7.12 인종의 묘호, 시호, 능호, 전호를 정하다.
7.20 날씨가 추울 것을 우려해 상기를 앞당기다.
8.22 이기, 정순붕, 허자, 임백령 등이 윤임, 유관, 유인숙 등을 탄핵하다. 이에 왕대비와 대신들이 의논을 거쳐 윤임은 절도에 안치하고, 유관과 유인숙은 파직하다.
8.23 이기를 우의정에, 임백령을 이조 판서에, 허자를 호조 판서에, 정순붕을 공조 판서에 제수하다.
8.24 전날 백인걸이 문제를 제기하자 처벌이 가벼운 탓이라며 유관을 중도에 부처하고 유인숙은 먼 지방에 유배하다.
8.28 정순붕이 상소하자 윤임 등 3인을 사사하다.
9. 1 김명윤이 계림군 이유의 불궤를 고변하다.
9.11 이휘, 이덕응을 능지처사하고 이유와 윤임 등의 자제들은 교형에 처하다.
9.15 공신을 정하고 포상하다.(위사공신)
9.28 이유를 체포하다.
10. 5 이유를 효수하다.

1546 명종 1년
5.11 홍문관이 윤원로의 죄를 청하다.
7.19 임백령이 사은사로 갔다가 돌아오는 길에 죽다.
7.26 왕대비가 인수궁과 정업원의 복구를 명하다.
8. 5 윤원형, 권응정의 아룀에 따라 이임을 사사하고 나숙 등을 유배하는 등, 이른바 잔당을 대거 축출하다.
8.10 권벌을 삭탈관직하게 하다.
9. 5 이언적을 삭탈관직하게 하다.
12.17 최보한이 윤임의 귀신에 시달리다 죽다.

1547 명종 2년
3.13 양사가 이중열, 성자택, 김저를 윤임의 잔당으로 몰아 사사케 하다.
9.18 정언각이 양재역의 벽서를 바치다. 이기, 윤원형 등이 이를 계기로 송인수, 이약빙을 사사케 하고 이언적, 노수신, 유희춘 등을 유배하다.
윤 9.16 봉성군 이완을 자진토록 하다.
10.18 윤임의 역모 전말을 충훈부로 하여금 편찬케 하다.
12.18 양사가 윤원로의 처벌을 청하다.
12.26 윤원로를 사사하다.

1548 명종 3년
2.13 권벌, 이언적 등을 칭찬하고 이기 등을 비판하는 방향으로 사초를 작성한 안명세를 참하고 손홍적, 조박은 유배하다.
4.19 대사헌 구수담과 대사간 진복창이 이기를 탄핵하다.
4.22 이기를 체직하다.
9. 3 경창의 곡식을 원주로 옮겨가 진휼케 했는데 모래와 돌을 섞어

말썽이 되다.
10.21 이황을 풍기 군수에 제수하다.

1549 명종 4년

4.18 이홍윤의 역모 사건이 일어나다. 이후 이 일로 20명이 넘게 능지처사되고 옥사자도 여럿 발생하다.
5.21 이홍윤의 역모 사건을 이유로 충주를 유신현으로 강등하고 충청도도 청홍도로 바꾸다.
9.30 보우가 사리를 아는 중이라며 능침을 지키는 일을 맡게 하다.

1550 명종 5년

1. 5 성균관 생원들이 보우를 죽이고 정업원의 수리를 정지해달라고 청하다.
2.11 이황이 백운동서원에 편액과 서적, 토지와 노비를 하사해줄 것을 청하다.
12.15 왕대비가 선교 양종과 선과를 부활시키라고 명하다. 이에 한 달여 동안 신하들과 유생들이 격렬히 반대했으나 막지 못하다.

1551 명종 6년

2. 4 윤원형이 조강지처를 버리게 해달라고 청하여 승낙을 받다.
5.28 원자가 태어나다.
6.25 보우를 판선종사 도대선사 봉은사 주지에 임명하다.
10.24 부제학 이하 홍문관이 이기를 탄핵하다.
11.10 이기를 파직하다.
12.28 이기에게 본직을 도로 제수하다.

1552 명종 7년

4.28 이기가 죽다.

5.30 제주왜변이 일어나다.
7.27 야인들이 경흥 땅에 쳐들어와 40여 명을 살해하다.
9.25 방납의 폐단에 대해 기록하다.

1553 명종 8년

3.22 환관들이 역마를 타고 거리낌 없이 다니며 수령을 능멸하는 등의 행패를 부리다.
5. 6 조식 등에게 6품직을 제수하다.
6.23 호패와 도첩을 받은 승려는 군역을 면제토록 하다.
7.12 왕대비가 수렴청정을 끝내고 명종에게 권력을 넘겨주다.
9.14 강녕전, 사정전, 흠경각이 불에 타서 3일 동안 조회를 정지하고 철시하다.
11.30 이언적이 죽다.

1554 명종 9년

4.27 안동의 생원 이포가 상소를 올리다.
6.14 경상도 영천의 우림들이 정몽주를 기리는 서원을 지어 택문동서원의 예처럼 사액을 청하다.
7. 2 주세붕이 죽다.
9.18 경복궁이 완성되다.
12.14 이황에게 경복궁 중수기를 쓰도록 하다.

1555 명종 10년

5.16 전라도 관찰사 김주가 왜적의 침입을 고하다.(을묘왜변) 이준경을 전라도 도순찰사로 삼아 지원케 하다.
6. 1 전주 부윤 이윤경이 영암에 진을 치고 포위한 적들에 결연히 맞서 적의 기세를 꺾다.
11.19 조식의 상소가 올라오다.

1556 명종 11년

1.14 황해도 봉산 등의 갈대밭을 내수사에 귀속시키다.
8.23 정언각이 죽다.

1557 명종 12년

7.22 도첩과 호패를 받은 중을 역사시키지 말라고 전교하다.
12. 7 폐비 신씨(단경왕후)가 죽다.

1558 명종 13년

10. 7 윤원형을 중추부 영사에, 이황을 성균관 대사성에 제수하다.

1559 명종 14년

3.13 임꺽정 세력의 형세에 대해 처음으로 기록하다.
3.27 패두 이억근이 적은 인원을 이끌고 임꺽정의 본거지를 찾아갔다가 죽다.
4.23 중종의 능을 천장하기로 하다.
6.23 이량을 동부승지에 제수하다.
11.28 이량을 홍문관 부제학으로 삼다.

1560 명종 15년

1.16 하서 김인후가 죽다.
6.11 이량을 도승지에 제수하다.
12.28 황해도 순경사 이사증이 임꺽정을 잡았다고 보고하다. 그러나 이내 임꺽정의 형 가도치로 확인되다.

1561 명종 16년

5.12 이량을 평안도 관찰사로 삼다.
7.21 호군 윤옥의 딸을 왕세자빈으로 삼다.
9. 7 의주 목사 이수철이 임꺽정을 잡았다고 보고했으나 이번에도 가짜로 드러나다.

10. 8 남치근을 토포사로 삼고 임꺽정의
체포에 진력하게 하다.
10.21 왕세자빈의 책봉례를 행하다.
12.15 황해도 백성이 곤궁하므로
5~6년 동안 내지 못한 세금을 경감해
주도록 전교하다.

1562 명종 17년

1. 3 임꺽정이 체포되다.
3. 6 잠시 평안 감사로 나가 있었던
이량이 이조 참판이 되어 중앙으로 복귀하다.
9. 4 중종의 능을 천장하다.

1563 명종 18년

1.17 윤원형을 영의정에 제수하다.
7.16 이량을 이조 판서에 제수하다.
8.19 부제학 기대항 이하 홍문관이
이량을 탄핵하자 전격적으로 수용하다.
9.20 왕세자가 죽다.
10.15 이량을 변방으로 이배하다.
12.26 성수침이 죽다.

1564 명종 19년

3.25 왕세자를 잃은 탓으로 이즈음
내관을 섭게 죄주곤 하다.
7.13 이량을 탄핵한 기대항이 죽다.
8.30 이이를 호조 좌랑으로 삼다.

1565 명종 20년

4. 6 왕대비가 언문 유교를 통해 불교정책을
바꾸지 말 것을 부탁하고 죽다.
4.25 양사가 보우의 죄를 청하다.
5.13 삼공이 보우의 죄를 청하다.
5.29 성균관 유생들이 보우의 처벌을
요구하며 관을 비우고, 지방의 향교들도
따르다.

6.25 보우를 제주로 귀양을 보내다.
8. 3 양사가 윤원형을 탄핵하다.
8. 8 윤원형을 체직하다.
9. 8 윤원형의 전처의 어미 강씨가
정난정이 자신의 딸을 독살했다고 고하다.
11.13 정난정이 자살하다.
11.18 윤원형이 죽다.
12. 2 노수신, 유희춘 등을 방면하다.

1566 명종 21년

4.11 사간원이 양종과 선과의 혁파를
청하다.
4.20 양종과 선과를 혁파하다.
5.22 화공에게 명해 퇴계 이황이 있는
도산의 경치를 그려 오게 하다.
6.15 정여창을 받드는 서원에 사액을
청하자 사관이 (서원을 짓고 사액을
청하는 일이 유행처럼 번지는 현상이)
오래갈 수 없을 거라고 논평하다.
독서당에 '초현불지탄(初賢不至歎)'
이란 어제를 내리고 율시를 짓게 하다.
9. 4 이전인이 부친 이언적이 지은
'진수팔규(進修八規)'를 올리다.
10. 7 사정전에서 조식을 만나다.
윤 10. 9 심의겸을 우부승지에 제수하다.
윤 10.15 영의정 이준경이 후사를
정할 것을 청하다.

1567 명종 22년

6.28 병세가 급격히 악화되자 대신들이
찾아와 후사를 정할 것을 청하다.
이에 중전이 하성군 이연으로 정하다.
축시에 경복궁 양심당에서 훙하다.

조선과 세계

조선사

- 1544 인종 즉위
- 1545 인종 사망, 명종 즉위 후 을사사화
- 1546 서경덕 사망
- 1547 양재역 벽서 사건
- 1548 이황, 풍기 군수가 됨
- 1549 이홍윤 역모 사건 발발
- 1550 《중종실록》,《인종실록》 편찬
- 1551 신사임당 사망
- 1552 새로 승려가 되는 것을 금함
- 1553 제주에서 왜변이 일어남
- 1554 변방의 군사 문제를 비변사에서 논의
- 1555 을묘왜변
- 1556 왜구 침입에 대비해 무과 설치
- 1557 황해도에서 민란 일어남
- 1558 이황, 성균관 대사성에 제수
- 1559 임꺽정의 활동
- 1560 정철 〈성산별곡〉 지음
- 1561 이지함, 《토정비결》 지음
- 1562 임꺽정 체포
- 1563 순회세자 사망
- 1564 이정, 순천에 옥천서원 세움
- 1565 문정왕후 사망
- 1566 양종과 선과 혁파
- 1567 명종 사망

세계사

- 영국, 스코틀랜드 침공
- 에스파냐, 포토시 은광 개발
- 독일, 루터 사망
- 프랑스, 앙리 2세 즉위
- 에스파냐, 페루를 지배하에 둠
- 일본, 예수회 선교사가 천주교 전래
- 네덜란드, 종교재판소 설치
- 오스만튀르크, 헝가리 침공
- 명, 저장에 왜구 침입
- 영국, 메리 1세 즉위
- 영국, 메리 1세와 에스파냐 왕자 펠리페 결혼
- 아우크스부르크평화협정 성립
- 구굴제국, 아크바르 대제 즉위
- 포르투갈, 마카오 점령
- 영국, 엘리자베스 1세 즉위
- 프랑스와 에스파냐, 카토-캉브레지조약 체결
- 에스파냐, 마드리드를 수도로 정함
- 오스만튀르크, 헝가리 병합
- 프랑스, 위그노 전쟁
- 명, 홍화대첩
- 신성로마제국, 막시밀리안 2세 즉위
- 구굴제국의 아크바르가 데칸고원까지 영토 확장
- 포르투갈, 마카오 시 건설
- 포르투갈, 일본과 교류 시작

The Veritable Records of the Joseon Dynasty

In the Joseon Dynasty, there were always officials who followed and monitored the king. They slept in the room adjacent to where the king slept, and they attended every meeting the king held. The king could not go hunting or meet a person secretly without these officials being present.

These officials were called 'Sagwan,' and they observed and recorded all details of daily events involving the king in turns, things that the king said, and things that happened to him. The drafts created by them were called 'Sacho.' Even the king himself was not allowed to read those drafts, and the compilation process only began after the king's death.

When the king passed away, the highest ranking governmental official would be appointed as the chief historical compiler. A research team would collect all the drafts and relevant supporting materials, select important records with historical significance, and organize them in a chronological order. The finished product was usually called 'Sillok,' which means veritable records.

The Veritable Records of the Joseon Dynasty features a most magnificent scale, as it is a record of all the events that occurred over 472 years, from the reign of King Taejo to the reign of the 25th King Cheoljong (1392~1863). It consists of 1,893 volumes and 888 books (total of 64 million Chinese characters). It was registered as a World Cultural Heritage in Records, by UNESCO in 1997.

Source: A Korean History for International Readers, Humanist, 2010.

Summary
The Veritable Records of King Injong and Myeongjong

Queen Dowager Munjeong and the In-Law Officials (Cheok-sin)

Injong, the eldest son of Jungjong, ascended the throne as the twelfth king of Joseon. At six years old, he had been appointed crown prince and entered the royal palace. Due to his exemplary performance in that capacity, high officials had lofty expectations for him as king. However, for much of his 24 years as crown prince, he lived in an almost constant state of anxiety because of the political machinations of his ambitious stepmother, Queen Dowager Munjeong. During his tenure as crown prince, Injong's character was repeatedly slandered. Despite the high hopes of his officials, Injong only served as king for eight months, as he suddenly became ill and died.

After his death, Injong's stepbrother and Jungjong's second son, Myeongjong, was named king at the age of twelve. Importantly, Myeongjong was also the son of the ambitious Queen Dowager Munjeong. Through the power struggle with his stepbrother, Myeongjong developed a great deal of restraint regarding his emotions and actions, a character trait which he maintained throughout his mother's eight years as regent. Queen Dowager Munjeong, a Confucian intellectual, was a notable controversialist who dominated state affairs by showing her exceptional judgment and political power. However, she bestowed excessive favors on her relatives, which increased government corruption and caused their power to grow unchecked.

Although Myeongjong was overshadowed by his mother during his early reign, once he assumed power, he adopted his father's style of royal governance: focusing political power in a certain vassal then taking it away when he saw fit. After Queen Dowager Munjeong's death, the influence of the in-law officials (cheok-sin) diminished, but Myeongjong was still not able to control the rising Confucian literati. Although Myeongjong reigned for 22 years, he was never able to advance his own political vision.

세계기록유산, 《조선왕조실록》

《조선왕조실록》이란?

《조선왕조실록》은 국보 제151호이자 유네스코 세계기록유산(1997년 지정)으로 조선 건국에서부터 철종까지 472년간을 편년체로 서술한 역사 기록물이다. 총 1,893권, 888책이며, 한글로 번역할 경우 300여 쪽의 단행본 400권을 훌쩍 넘는 분량이다. 철종 이후의 기록인 《고종실록》과 《순종실록》도 있으나 이것은 일본의 지배하에 편찬된 터라 통상 《조선왕조실록》으로 분류하지 않는다. 《단종실록》, 《연산군일기》, 《선조실록》, 《철종실록》처럼 기록이 부실한 경우도 있는데 정변이나 전쟁, 세도정치라는 시대 상황이 낳은 결과이다. 또한 《선조수정실록》, 《현종개수실록》, 《숙종실록보궐정오》, 《경종수정실록》처럼 뒷날에 집권한 당파의 요구에 의해 새로 편찬된 경우도 있다. 하지만 원본인 《선조실록》, 《현종실록》, 《숙종실록》, 《경종실록》을 폐기하지 않고 함께 보존함으로써 당대를 더욱 정확히 알게 해준다. 이렇듯 《조선왕조실록》은 그 기록의 풍부함과 엄정함에 더해 놀라운 기록 보존 정신까지 보여주는 우리 선조들의 위대한 유산이다.

《조선왕조실록》은 어떻게 기록되었나?

조선은 왕이 사관이 없는 자리에서 관리를 만나는 것을 엄격히 금지했다. 또한 왕은 원칙적으로 사관의 기록(사초)을 볼 수 없었다. 신하들도 마찬가지여서 실록청 담당관을 제외하고는 누구도 볼 수 없었다. 그래서 사관들은 왕이나 권력자의 눈치를 보지 않고 보고 들은 일들을 있는 그대로 기록할 수 있었다. 왕이 죽으면 실록청이 만들어지고 모든 사관의 사초가 제출된다. 여기에 여타 관청의 기록까지 참조하여 실록이 편찬된다. 해당 실록이 완성되고 나면 사초는 모두 물에 씻겨졌다(세초). 이렇게 만들어진 실록은 여러 곳의 사고에 나누어 보관되는데, 이 또한 후대 왕은 물론 신하들도 열람할 수 없도록 했다. 선대의 왕들에 대한 기록이나 평가로 인해 필화 사건이 생기지 않도록 한 것이다. 이 같은 원칙들이 철저히 지켜졌기에 《조선왕조실록》이 오늘날까지 존재할 수 있었다.

도움을 받은 책들

《국역 조선왕조실록 CD- ROM》, 서울시스템주식회사, 1995.
강재언,《선비의 나라 한국 유학 2천년》, 한길사, 2003.
고려대 민족문화연구원 한국사상연구소 편,《자료와 해설 한국의 철학사상》, 예문서원, 2002.
김경수,《'언론'이 조선왕조 500년을 일구었다》, 가람기획, 2000.
김문식 · 김정호,《조선의 왕세자 교육》, 김영사, 2003.
박병련 외,《남명 조식》, 청계, 2001.
박영규,《조선의 왕실과 외척》, 김영사, 2003.
박영규,《한 권으로 읽는 조선왕조실록》, 들녘, 1996.
신명호,《조선의 왕》, 가람기획, 1998.
윤정란,《조선의 왕비》, 차림, 1999.
이덕일,《사화로 보는 조선 역사》, 석필, 1993.
이성무,《조선왕조사》1, 동방미디어, 1998.
이이화,《이야기 인물 한국사》5, 한길사, 1993.
이이화,《이이화의 한국사 이야기》10, 한길사, 2000.
이종범,《사림열전》1, 아침이슬, 2006.
이황 지음 · 윤사순 엮음,《퇴계선집》, 현암사, 1993.
장영훈,《왕릉풍수와 조선의 역사》, 대원미디어, 2000.
최범서,《야사로 보는 조선의 역사》1, 가람기획, 2003.
하일식,《연표와 사진으로 보는 한국사》, 일빛, 2000.
한국고문서학회,《조선시대 생활사》, 역사비평사, 1996.
한국생활사박물관 편찬위원회,《한국생활사박물관》9, 사계절, 2003.
한형조,《왜 동양철학인가》, 문학동네, 2000.
홍순민,《우리 궁궐 이야기》, 청년사, 2002.

박시백의 조선왕조실록 9 인종·명종실록

1판 1쇄 발행일 2006년 10월 30일
2판 1쇄 발행일 2015년 6월 22일
3판 1쇄 발행일 2021년 3월 15일
4판 1쇄 발행일 2024년 6월 24일

지은이 박시백

발행인 김학원
발행처 (주)휴머니스트출판그룹
출판등록 제313-2007-000007호(2007년 1월 5일)
주소 (03991) 서울시 마포구 동교로23길 76(연남동)
전화 02-335-4422 **팩스** 02-334-3427
저자·독자 서비스 humanist@humanistbooks.com
홈페이지 www.humanistbooks.com
유튜브 youtube.com/user/humanistma **포스트** post.naver.com/hmcv
페이스북 facebook.com/hmcv2001 **인스타그램** @humanist_insta

편집주간 황서현 **편집** 최인영 박나영 강창훈 김선경 이영란 **디자인** 김태형 **사진** 권태균 **영문 초록** 지헌승
번역 감수 김동택 David Elkins **조판** 프린웍스 **용지** 화인페이퍼 **인쇄** 삼조인쇄 **제본** 해피문화사

ⓒ 박시백, 2024

ISBN 979-11-7087-171-2 07910
ISBN 979-11-7087-162-0 07910 (세트)

- 이 책은 저작권법에 따라 보호받는 저작물이므로 무단 전재와 무단 복제를 금합니다.
- 이 책의 전부 또는 일부를 이용하려면 반드시 저자와 (주)휴머니스트출판그룹의 동의를 받아야 합니다.

조선왕조실록 가계도 및 주요 인물
인종·명종

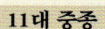11대 중종 ─── 장경왕후 윤씨 ──────────────────

12대 인종 仁宗
(호峼, 1544~1545)
(1515~1545)

─── 인성왕후 박씨
1514~1577

13대
(환峘,

○ **을사사화 관련자들**

윤임
대윤 세력

윤원형
소윤 세력

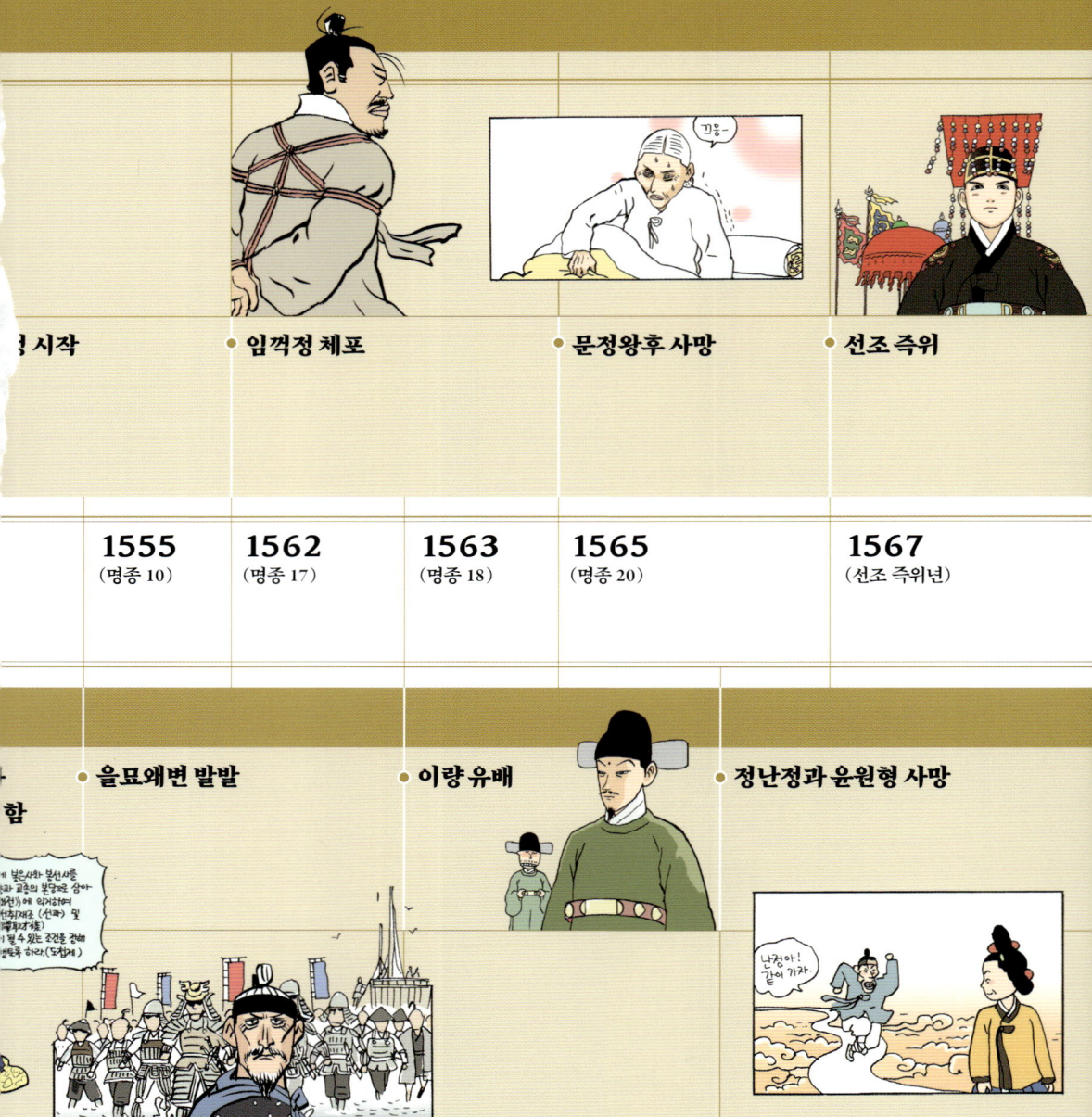

• 시작　　• 임꺽정 체포　　• 문정왕후 사망　　• 선조 즉위

1555
(명종 10)

1562
(명종 17)

1563
(명종 18)

1565
(명종 20)

1567
(선조 즉위년)

• 을묘왜변 발발　　• 이량 유배　　• 정난정과 윤원형 사망

이윤경

조선왕조실록 연표
인종·명종

- 인종 즉위
- 을사사화
- 윤원로 사사
- 백운동서원에 '소수서원' 현판 하사
- 명종, 친

| 1544 | 1545 | 1547 | 1549 | 1550 | 1553 |
| (인종 즉위년) | (명종 즉위년) | (명종 2) | (명종 4) | (명종 5) | (명종 8) |

- 명종 즉위
  문정왕후, 수렴청정 시작
- 정미사화
  양재역 벽서 사건을 계기로 발생
- 이홍윤 역모 사건
- 문정왕후, 승과와 도첩제 부활을 명

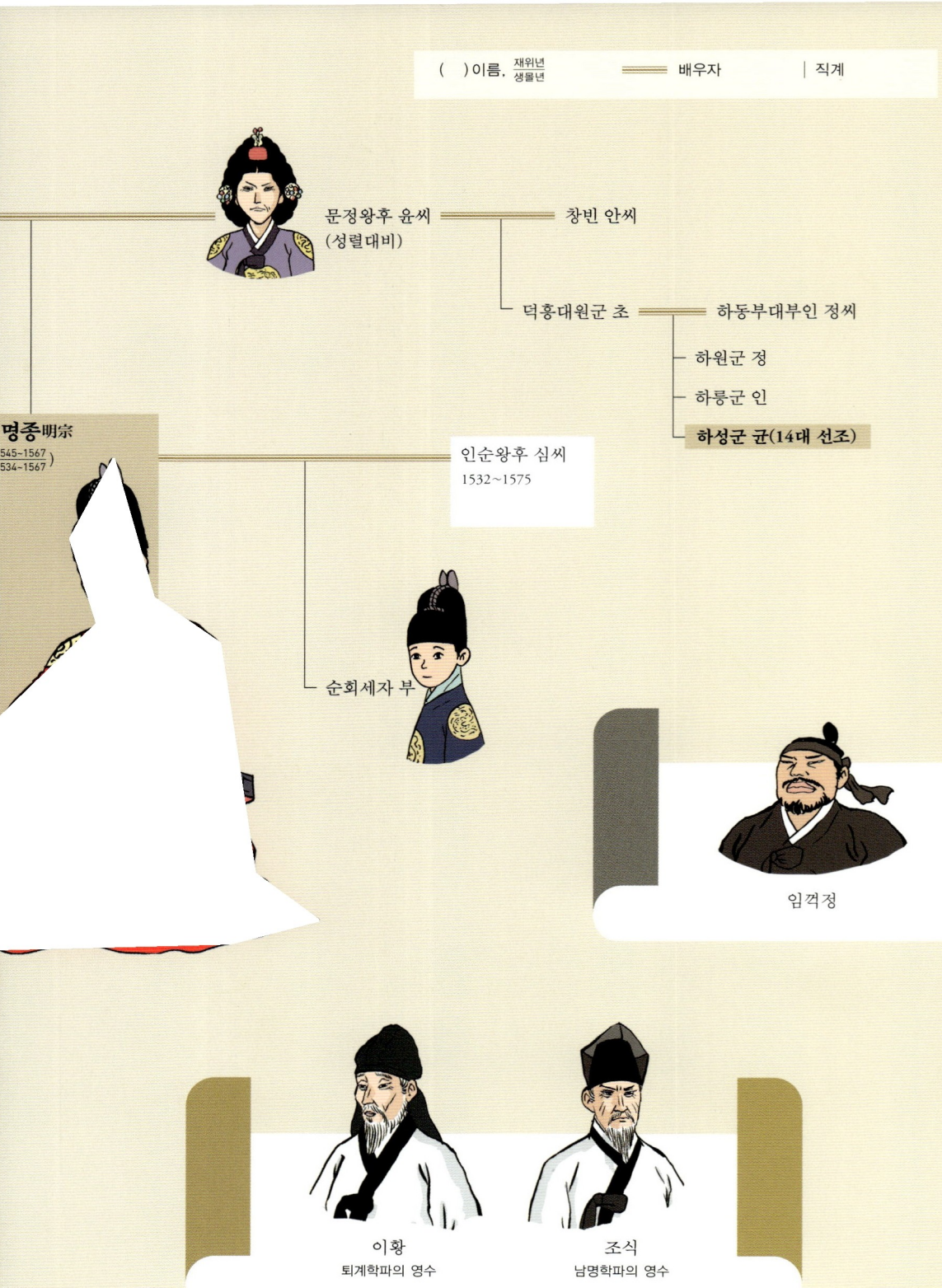